16 mars 1896

AF369987

VENTE DU LUNDI 16 MARS 1896

HOTEL DROUOT, SALLE N° 8

TABLEAUX MODERNES

PAR

BERNE-BELLECOUR, H. BELLANGÉ, BILLET

BONVIN, BOUDIN, BRÉMOND, BRISSOT, CAGNIART, DECAMPS, DEGROUX,

DIAZ, FEYEN-PERRIN, DE JONGHE

LAZERGES, MARILHAT, MEISSONIER, MONTENARD, TER-LINDEN,

ZAMACOÏS & ZIEM.

EXPOSITION PUBLIQUE

Le Dimanche 15 Mars 1896

DE 1 HEURE 1/2 A 5 HEURES 1/2

COMMISSAIRE-PRISEUR	EXPERT
Me Léon TUAL	**M. F. GÉRARD**
56, Rue de la Victoire, 56	7 *bis*, Rue Laffitte, 7 *bis*

PARIS. — IMPRIMERIE GEORGES PETIT

12, RUE GODOT-DE-MAUROI, 12

CATALOGUE

DE

TABLEAUX MODERNES

PAR

BERNE-BELLECOUR, BELLANGÉ (H.), BILLET,
BONVIN, BOUDIN, BRISSOT, BRÉMOND, CAGNIART, DECAMPS, DEGROUX,
DIAZ, FEYEN-PERRIN, DE JONGHE, LAZERGES,
MARILHAT, MEISSONIER, MONTENARD, TER-LINDEN,
ZAMACOÏS ET ZIEM.

DONT LA VENTE AURA LIEU

HOTEL DROUOT, SALLE Nº 8

Le Lundi 16 Mars 1896

A TROIS HEURES ET DEMIE

COMMISSAIRE-PRISEUR	EXPERT
Mᵉ Léon TUAL	**M. F. GÉRARD**
56, Rue de la Victoire, 56	7 *bis*, Rue Laffitte, 7 *bis*

EXPOSITION PUBLIQUE

Le Dimanche 15 Mars 1896, de 1 h. 1/2 à 5 h. 1/2

L. 03412

CONDITIONS DE LA VENTE

Elle sera faite au comptant.

Les acquéreurs paieront *cinq pour cent* en plus des enchères.

Désignation

BERNE-BELLECOUR

1 — *Artilleurs dans la batterie.*

Toile. Haut. 67 cent.; larg., 1m22.

2 — *Attaque d'une redoute.*

Toile. Haut., 58 cent.; larg., 1m02.

3 — *Les Hautes Porches.*

Toile. Haut., 89 cent.; larg., 64 cent.

4 — *Soldats prussiens dans les fossés.*

Toile. Haut., 74 cent.; larg., 42 cent.

5 — *Paysage en plaine.*

Toile. Haut., 46 cent.; larg., 72 cent.

6 — *L'Obusier.*

Toile. Haut., 45 cent.; larg., 73 cent.

BELLANGÉ (Hippolyte)

7 — *La Retraite de Russie.*

Toile. Haut., 1^m04 ; larg., 1^m46.

BILLET (Pierre)

8 — *La Sieste de l'ânier.*

Toile. Haut., 40 cent. ; larg., 60 cent.

9 — *Côtes de l'Algérie.*

Toile. Haut., 40 cent. ; larg., 60 cent.

BONVIN

10 — *Le Serrurier.*

Panneau. Haut., 45 cent. ; larg., 32 cent.

BOUDIN

11 — *Bassin de Deauville. Marine.*

Panneau. Haut., 26 cent. ; larg., 21 cent.

12 — *Dans l'Arrière-Bassin.*

Panneau. Haut., 26 cent. ; larg., 21 cent.

BOUDIN

13 — *Les Hauteurs d'Hennequeville.*

Toile. Haut., 37 cent.; larg., 59 cent.

14 — *Vue d'Honfleur.*

Pastel.

BRÉMOND

15 — *Le Berger sur la falaise.*

Toile. Haut., 92 cent.; larg., 63 cent.

16 — *Le Port de Fécamp.*

Toile. Haut., 92 cent.; larg., 63 cent.

17 — *Sur la Grève.*

Toile. Haut., 92 cent; larg., 63 cent.

BRISSOT

18 — *La Rentrée du Troupeau.*

Haut., 24 cent. ; larg., 16 cent.

19 — *La Sortie du Troupeau.*

Aquarelle.

CAGNIART

20 — *Bords de la Lesse, près Dinant, Belgique.*

Toile.

21 — *Crépuscule au pont de la Concorde.*

Toile.

22 — *Soleil couchant, à Bougival.*

Toile.

23 — *Marais et Ruines de Boves.*

Pastel.

24 — *Soleil couchant sur les marais de Boves.*

Pastel.

25 — *Dans la Forêt de Carnoët, près Quimperlé.*

Pastel.

DECAMPS

26 — *Le Lever du Singe.*

Toile. Haut., 27 cent.; larg., 21 cent.

DEGROUX

27 — *Misère.*

Toile. Haut., 1^{m}20 ; larg., 1^{m}30.

DIAZ (N.)

28 — *Fleurs.*

Toile. Haut., 40 cent.; larg., 55 cent.

FEYEN-PERRIN

29 — *La Paralytique.*

Toile. Haut., 1^{m}13 ; larg., 1^{m}45.

INNOCENTI

30 — *La Bonne Pipe.*

> Haut., 33 cent.; larg., 24 cent.

DE JONGHE

31 — *Promenade à âne.*

> Panneau. Haut., 31 cent. ; larg., 42 cent.

LAZERGES

32 — *Arabe au gourbi.*

> Toile. Haut., 97 cent.; larg., 1ᵐ45.

MARILHAT

33 — *Arabes au bord de la mer.*

> Toile. Haut., 33 cent. ; larg., 40 cent.

MEISSONIER

34 — *Étude de Cheval.*

Provient de la vente Meissonier.

Panneau. Haut., 49 cent.: larg.. 18 cent.

MONTENARD

35 — *Port de Toulon.*

Toile. Haut., 65 cent.; larg.. 46 cent.

TER-LINDEN (F.)

36 — *Paysage.*

Toile. Haut.. 67 cent.: larg.. 1ᵐ.

ZAMACOÏS

37 — *Seigneur Louis XIII.*

Panneau. Haut., 13 cent.; larg.. 10 cent.

ZIEM

38 — *Lisière de forêt. Effet d'Automne.*

Panneau. Haut., 16 cent.; larg., 13 cent.

Paris. — Imp. G. Petit. 12, rue Godot-de-Mauroi. — 3127-96.

www.ingramcontent.com/pod-product-compliance
Lightning Source LLC
LaVergne TN
LVHW010308190726
843502LV00014B/3970